Inhaltsverzeichnis

Vorwort

Dieses Buch schenkt Ihnen weder neue Einsichten in die japanische Gartenkunst noch in das Zen. Es ist lediglich der Versuch, Ihre ganze Aufmerksamkeit auf einen Zen-Garten zu lenken, der – gleich wie klein oder groß er ist – eine Welt der Harmonie und Ruhe darstellen kann.

Zen ist achtzigprozentige Vollkommenheit.

BUDDHISTISCHE WEISHEIT

Einführung

Um was geht es?

Es geht um einen kleinen flachen Kasten, Sand und Steine, und einen kleinen Rechen. Zusammen können diese Teile ein Zen-Garten sein, eine Miniaturform jener großen Trockenlandschaftsgärten Japans, die im Mittelalter im Geiste des Zen entstanden sind. Sie sind abstrakte, nachgebildete Darstellungen der Natur, in denen sich der Gartenarchitekt auf Sand und Stein beschränkt. Sie sind räumliche Nachbildungen von einfarbiger Landschaftsmalerei, und sie sind skulpturale, plastische Kunst, die uns einlädt, unseren Vorstellungen freien Lauf zu lassen. Vor allem aber sind sie Orte der Meditation, die Unterstützung auf dem Weg der Erleuchtung und Selbstverwirklichung geben.

Der kleine Zen-Garten ist kein Ort, dennoch ist er Raum der Meditation, mit dem ein Zustand der inneren Ruhe und Gelassenheit erreicht werden kann.

Bevor du Zen studierst,
sind Berge Berge,
und Flüsse sind Flüsse.
Nach dem ersten Einblick
in die Wahrheit des Zen
sind Berge keine Berge
und Flüsse keine Flüsse mehr.
Doch nach der Erleuchtung
sind Berge wieder Berge,
und Flüsse sind wieder Flüsse

ZEN-WEISHEIT

Was der Zen-Garten ist

Der Zen-Garten ist ein Sand- und Steingarten. Ein trockener Berg-Wasser-Garten, ein *kare san sui*. Ein Trockenlandschaftsgarten.

Das Element Wasser, das eigentlich das Wichtigste aller japanischen Gärten ist, fehlt hier gänzlich – in seiner gegenständlichen Form. Wasser wird ersetzt und dargestellt durch Sand oder Stein, womit eine abstrakte, künstliche Landschaft geschaffen wird. Aufrechtstehende Steine können einen Wasserfall verkörpern, Kiesel oder mit dem Rechen gekämmter Sand einen Fluß oder das Meer. Dabei bleibt es jedoch nicht nur bei der Vorstellung, sondern es wird gleichzeitig die Unendlichkeit des Universums vermittelt, was auf die Grenzenlosigkeit des Geistes hinweist.

In ihrer Form außergewöhnliche Felssteine können zusammengesetzt eine Gebirgslandschaft darstellen. Künstlich aufgeschüttete Anhöhen aus Sand gestalten eine Hügellandschaft. Aber auch mit dem Rechen in die flache Sandfläche gezogene Muster deuten Hügel an.

Natürliche, vom Meer umgebene Inseln sowie Figuren aus der buddhistischen Mythologie wie z.B. die Kranich- oder die Schildkröteninsel bzw. Insel der Seligen, können mit Sand und Stein gebildet werden. Sand und Stein sind aber ebenso einfach nur Skulptur.

Der Zen-Garten ist ein Flachgarten und versteht sich als Tempel- oder Hausgarten. Dadurch ist er nicht an eine bestimmte Größe gebunden. Im Gegenteil, oft ist er nur wenige Quadratmeter groß und umschlossen mit einer Mauer oder Hecke.

Die Mauer scheint nichts als eine Mauer zu sein, und doch kann sie als Welthorizont betrachtet werden. Diese Ein- oder Umgrenzung hat dabei zweierlei Funktion: Zum einen soll dem Betrachter der Blick versperrt bleiben, damit sich seine Sinne voll und ganz sammeln können. Zum anderen soll die Grenze das Ausschnitthafte betonen, das als Teil des großen Ganzen steht, und wodurch der Garten „grenzenlos" wird.

Formal wird der Garten tatsächlich grenzenlos durch eine Gestaltungstechnik, die man *shakkeia* – geborgte Landschaft – nennt. Dies sieht man hauptsächlich in den Teichgärten.

Die hinter der Mauer liegende Landschaft, sei es auch nur ein Berg, Baum oder eine Pflanze, wird mit in die Gartenkomposition einbezogen. Hierbei bedarf es gerade der schlichten Gestaltung des eigentlichen Gartens.

Der Zen-Garten wird meist so angelegt, daß er nicht betreten, sondern nur von der Veranda oder dem Studierzimmer des Hauses aus betrachtet werden kann. Auf diese Weise bietet sich der Garten in einer festen Perspektive dar. Da er sich nur für einen Betrachter mit festem Standpunkt voll entfaltet, liegt der Vergleich mit einem in eine Dreidimensionalität übersetzten Landschaftsgemälde nahe.

Und tatsächlich sollte dieser Garten ursprünglich nicht nur die Natur nachahmen, sondern auch die Tuschelandschaftsbilder der Zen-Maler. Wie diese, und zwar nur mit schwarzer Tusche auf weißem Papier, eine Landschaft darstellten, so entschieden sich auch die Gartenbauer bewußt für die Einfarbigkeit.

Schwarz und Weiß können die Illusion von Farbe erzeugen. Mit ihnen kann ein tiefes und eindrucksvolles Bild entstehen, das uns an eine Schwarzweißfotografie erinnert, die gerade wegen ihres Spiels von Licht und Schatten beeindruckt. Genauso wie Maler mit einfachen, aber scharfen Pinselstrichen Felsen und Berge zeigten, so suchten auch die Gärtner entsprechende Steine und Felsen aus.

So wie Maler das Wesentliche einer Landschaft in wenigen Pinselstrichen erfassen wollten, so waren auch die Gärtner bestrebt, nur mit Steinen und Sand ein Ganzes zu schaffen. Das Ganze ist das Ziel, das nicht das Besondere einer Landschaft meint, sondern seinen Charakter bzw. sein tiefstes Wesen.

Auch die Raumaufteilung wurde von frühen Tuschebildern beeinflußt. Das Bild ist in drei Ebenen aufgeteilt. Im Vordergrund wurden z.B. Blätter von Bäumen oder eine Wasseroberfläche dargestellt, dahinter Äste und Zweige oder ein Wasserfall und dann die weit entfernten Gipfel der Berge. Zwischen den Ebenen liegen eigentlich gewaltige Entfernungen mit vielgestaltiger Landschaft, was im Bild wiederum einen eigenen Ausdruck finden muß. In einer natürlichen Landschaft können es Nebelschleier, Wolken und der Himmel sein. Aber auch vieles andere wäre vorstellbar, was die Ebenen voneinander trennen könnte. So bleibt die Fläche leer und weiß.

Im Garten geschieht die Zusammenstellung der Elemente durch Sand und Stein nach demselben Muster. Steine, einzeln oder zu Gruppen zusammengesetzt, bilden Bäume, Wasser, Wasserfälle oder Berge nach. Die weiße Fläche wird durch eine reine Sandfläche ausgedrückt. Sie ist leer, und es ist auch genau dieser leere Raum, der den Garten zu einem Ort der Meditation macht.

Auf diesen leeren Raum ist der Blick gerichtet, dort konzentriert durch die umschließende Mauer. – Im Betrachten wird man auf sich selbst geworfen, und genau das ist Sinn der Meditation, in der Stille verweilen. Die Begegnung mit uns selbst und, auf dem Wege dorthin, die Begegnung mit dem was unserer Selbstbegegnung im Wege steht.

Ich tue mein Äußerstes, um leer zu werden,
und versenke mich tief in die Stille.
Die zehntausend Dinge kommen und gehen,
wenn dein Selbst darauf achtet.
Sie wachsen und blühen
und kehren zu ihrem Ursprung zurück.
Zum Ursprung zurückkehren heißt:
in die Stille gehen.
In die Stille gehen heißt:
zu seiner Bestimmung zurückkehren.
Zu seiner Bestimmung zurückkehren heißt:
das Ewige erkennen.
Das Ewige erkennen heißt: erleuchtet sein.

LAO-TSE

Meditation

Das Wort Meditation leitet sich vom lateinischen *meditatio* ab, was ein „Betrachten", ein „Nachsinnen" bedeutet.

Meditation ist ein „Betrachten", kein Denken, kein Aufschlüsseln, kein Deuten.

Meditation ist eine Innenschau, ein Erkennen unserer inneren Landkarten.

Es ist ein gefühlsmäßiges Erkennen, keines auf der Ebene des Verstandes oder der Vernunft.

Im Buddhismus beispielsweise ist Meditation eine Übung, die zur Selbsterfahrung führen kann. Es ist ein Üben, das zu einem Bewußtseins- und Empfindungszustand führen soll, in dem wir nicht trennen, unterscheiden oder bewerten. Es gibt keine Gegensätze, kein Haben oder Nichthaben, nur ein Sein, das weder schlecht noch gut ist. In diesem Zustand der Erkenntnis sind wir erleuchtet, erwacht.

Meditation als Weg zum Erwachen/zur Erleuchtung ist die philosophische Grundlage von Zen.

Zen – Za-Zen

Zen leitet sich vom Sanskritwort *dhyana* ab, was soviel wie Meditation bedeutet. Die Chinesen sagen *ch'an* und die Japaner *zen*. Im Mittelpunkt des Zen steht das *Za-Zen*, das Sitzen *za* in Versunkenheit *zen*. *Zen* ist eine Strömung des Mahayana-Buddhismus*, eine Richtung des Buddhismus, in der der Einzelne darauf hinwirkt, allen Lebewesen den Weg zur Erleuchtung zu ebnen. Sie beruht auf der Lehre des historischen Buddha*, des Shakyamuni-Buddha, bekannt als Siddharta Gautama. Diese Lehre breitete sich zwischen dem 6. und 7. Jahrhundert von Indien nach China aus, nahm dort den Taoismus* in sich auf und erreichte dann zwischen dem 12. und 13. Jahrhundert Japan. Hier entwickelten sich zwei Schulen, die bis heute noch lebendig sind, die *Rinzai*-Schule* und die *Soto*-Schule*. In beiden wird das Za-Zen praktiziert, wobei die Rinzai-Schule den Schwerpunkt auf das *Koan** legt und die Soto-Schule einzig das Za-Zen als Weg zur Erleuchtung betrachtet.

Alle Schulen gründen sich auf Buddha. Sie bauen auf die Übertragung der Lehre Buddhas vom Meister auf den Schüler. Nach einer Überlieferung des Zen wird berichtet, daß Buddha, während er auf

---

*siehe Glossar

dem Geierberg saß, eine Blume gereicht bekam mit der Bitte, eine Rede zu halten. Buddha nahm die Blume, war lange Zeit still und hielt dann, ohne ein Wort zu sagen, die Blume in die Höhe. Alle waren verwundert, nur sein bester Schüler lächelte verstehend, und die schweigende Lehre des Zen war geboren. Dieses wortlose Lächeln soll über Jahrhunderte hinweg weitergegeben worden sein bis hin zu Bodhidharma, dem ersten chinesischen Patriarchen, der in China die erste Schule des *ch'an*-Buddhismus gründete.

... ein und derselbe Mond
spiegelt sich in allen Wassern.
Alle Monde im Wasser
sind eins mit dem einzigen Mond.
Die Gestalt der Wahrheit Buddhas
durchdringt meine Natur,
und die meinige wiederum
wird eins mit Dem, der da ist.

JOKA (UM 700 N. CHR.)

Gartenkunst in Japan

Ursprung

Einen Garten anzulegen entspringt einem Urbedürfnis des Menschen. Es ist die Sehnsucht nach dem Paradies, dem Garten Eden. – Das Wort Paradies leitet sich aus dem Persischen/Griechischen ab: persisch *pairi daeza* meint einfach Einfriedung, griechisch *paradeisos* ist das in einem Rechteck liegende Land. Der Garten ist bewußt oder unbewußt der Ausdruck unserer Vorstellung vom Paradies. Auch Japan kennt den Mythos vom Paradies.

Einige Begriffe aus der japanischen Gartenkultur, die nachfolgend erklärt werden, zeugen von der Entwicklung des Gartens von der wilden Natur bis zum befriedeten Garten:

Niwa und *sono* sind die Urformen japanischer Gärten:

Niwa bedeutet einfach ein Stück „Niemandsland", d.h. freie unbegrenzte Natur.

Sono bedeutet Land, das in Besitz genommen, d.h. eingegrenzt wurde, um es urbar zu machen. Diese beiden Begriffe erläutern einen Leitgedanken der japanischen Gartengestaltung, nämlich eine Balance zu halten zwischen der Schönheit der natürlichen Landschaft und der Schönheit der von Menschen gestalteten Natur.

Niwa hat auch die Bedeutung eines vollkommen reinen Ortes für die Verehrung der Götter, die *kamis* genannt werden. In der Urreligion Japans, dem Shintoismus* ist die Natur von Göttern belebt. Zum Beispiel gibt es die *amakudaru kamis*, die von oben kommenden Götter, die in Bäumen und Steinen „wohnen". Diese „Wohnstätten" sind heilige Plätze und werden durch Einbinden mit einem Strohseil oder Auslegen von weißem Sand oder Kies gekennzeichnet. Hier finden wir also zum erstenmal die weiße Fläche, die im Zen-Garten wieder erscheint. Die heiligen Felsen heißen *iwa kuras*. Als *torai kamis* werden die Götter bezeichnet, die über das Meer kommen und sich in den Teichen niederlassen. In diesen heiligen Teichen, *kami ike* genannt, liegen meist Inseln, auf denen die Götter ihren „Wohnsitz" nehmen können.

Teien ist das heute verwendete Wort für Garten, es bezeichnet vom Landschaftsgarten bis zum Hausgarten alle Gartenformen.

---

*siehe Glossar

Naturverständnis

Der Zen-Garten ist ein Landschaftsgarten und entspringt einer langen Tradition der japanischen Gartenkunst. – Japanische Gärten sind von Menschen gestaltete Natur.

Betrachten wir das Land Japan: eine Inselkette in Halbmondform, zwischen japanischem und pazifischem Ozean liegend, wilde Felsenküsten, vulkanisches Gebirgsland, tiefe Täler, Wasserfälle, Bäche, Wälder. Diese Elemente kehren in symbolischer Andeutung in den Gärten wieder, die jedoch nicht nur eine Nachahmung der Natur sind – sie sind gleichermaßen Ausdruck einer Lebenshaltung, die vor dem Hintergrund des geistigen Klimas der jeweiligen Entstehungszeit* der Gärten erkennbar wird.

Darstellungen der Natur mit den Mitteln ihrer selbst setzen ein bestimmtes Naturverständnis voraus. Natur wird nie als ein Gegenüber erlebt, das beherrscht werden muß. Der Mensch fühlt sich immer als Teil von ihr. Mensch und Natur sind auf derselben Ebene und bilden eine Einheit, die sich in ein Weltganzes einordnet. Also wird der Garten nie als etwas vom Menschen Getrenntes erlebt. Er ist immer auf die Menschen bezogen, die in ihm leben und die ihn zum Lebensraum machen.

*siehe Glossar

Die Japaner setzen Wasser, Steine, Bäume, Pflanzen und Felsblöcke ein, um Landschaften zu schaffen. Steine und Wasser spielen dabei die größte Rolle.

Tempelhaus

Schönheitsempfinden

Es sind immer dieselben Elemente, die sich in einem Garten wiederfinden. Nur das Zusammensetzen der einzelnen Elemente läßt die verschiedenen Gartentypen, die sich im Laufe der Jahrhunderte entwickelt haben, erkennen. Dahinter steht immer ein Wechselspiel zwischen naturbelassener und von Menschenhand gestalteter Form. Das eine ohne das andere wäre undenkbar, sie bedingen einander – wie Rücken- und Bauchmuskulatur, wie *yin* und *yang**. Natürliche Elemente, wie Wasser, Steine, Bäume und Büsche oder andere Pflanzen in einer Form zu gestalten, die den Einklang mit der Natur betont, schafft Schönheit. Durch diese Art der Gestaltung wird der japanische Garten zum Kunstwerk.

*siehe Glossar

Steine

In Japan, einem hochvulkanischen Land, werden Steine als von der Natur geschaffene Kunstwerke anerkannt. Form, Größe und Farbe und wie sie in Szene gesetzt bzw. im Garten aufgestellt werden ist Gestaltungsaussage.

Steine sind funktional und symbolisch einsetzbar: zur Ufer- und Wegbefestigung und zur Darstellung mythologischer Bilder in Teichen und im Gelände. Als Symbol für Kraft, Ausdauer und Unvergänglichkeit werden sie verwendet als Gedenkstätten und Gegenstände religiöser Verehrung. Vor allem aber zeigen sie menschliche Züge, besitzen eine Seele und sind von göttlicher Natur.

Es gibt eine schöne Anekdote über Kaiser Ojin, der im Rausch seinen Stab auf einen mitten in der Straße liegenden Stein niedersausen ließ, worauf der Stein davongelaufen sein soll.

Die Seele wird in der Beschaffenheit des Steines erkannt. Kiesel z.B. haben eine von Wasser abgeschliffene, glatte Oberfläche und können nie eine rauhe Berglandschaft darstellen, aber als Fluß- oder Trittsteine sind sie verwendbar. Schwere, große, „tragende" Steine sind eher als Inseln, Berge und Teiche einzusetzen. Praktische Funktion erfüllen Steine als Wege, Brücken und Uferbefestigungen. Brücken stellen im übertragenen Sinn immer die

Verbindung zwischen der Welt der Götter und jener der Menschen dar.

Bei der Auswahl der Steine soll immer darauf geachtet werden, daß ihre Maße nie Harmonie und Gleichgewicht des Ganzen stören. Die Nachahmung der natürlichen Landschaft soll nicht behindert werden. Ein Gleichklang mit der Natur wird geschaffen, indem die Steine so in den Garten gestellt werden, wie sie gefunden werden.

Sobald die Steine schwimmen,
versinken die Blätter.

JAPANISCHES SPRICHWORT

Wasser

Wasser ist Quelle des Lebens. Es ist Bild und Symbol für das menschliche Sein. Wasser entspringt einer Quelle, fließt als Bach und dann als Fluß ins Meer. Es nimmt den Weg des geringsten Widerstandes. Es folgt seinem natürlichen Fluß.

Im Garten wird es als Teich bzw. See angelegt. Der Teich ist immer durch eine kurvenreiche Uferlinie gestaltet, damit seine wahre Größe nicht zu erkennen ist. Das Ufer ist mit Bäumen, aber auch mit Steinen eingerahmt, um den Eindruck einer Küstenlandschaft zu vermitteln. Im Teich selbst liegen Inseln, die auf Buchten und Landzungen hinweisen. Eine Insel entsteht durch Aussparung bei der Teichaushebung, meistens sind es eine bis drei. Aus ihnen entstanden die Schildkröten- und Kranichinseln bzw. die „Inseln der Seligen"*.

Der Teich gewinnt sein Wasser durch einen Wasserlauf bzw. Bach oder Wasserfall. In einem Teichgarten ist der Wasserlauf natürlich angelegt und soll an die vielen Gebirgsbäche und Flüsse erinnern, die

*siehe Glossar

dem Meer zuströmen. Wasserfälle, die in Japan häufig zu finden sind, stürzen sich entweder kaskadenähnlich oder in einem einzigen Strahl in die Tiefe. Der Wasserfall hat eine besondere Bedeutung, da er als Hindernis, aber auch als Prüfung in der Entwicklung eines Menschen stehen kann. Im Laufe der Gartenentwicklung wurde Wasser durch Sand oder Stein ersetzt, und es konnte gleichermaßen einen Teich, Fluß oder Ozean darstellen.

Pflanzen

Da der japanische Garten kein Blumen- oder Pflanzengarten ist, haben Blumen in ihm nur eine zurückhaltende Bedeutung, z.B. um eine Landschaft abzurunden. Bäume und Büsche spielen vielleicht eine Ausnahme. Rund oder eckig geschnittene Büsche beispielsweise können Steine ersetzen oder Hügel bilden.

Manche Bäume gelten als Symbol für Langlebigkeit, Glück und Erfolg. Auch zeigen sie den Wechsel der Jahreszeiten an, der an die Vergänglichkeit allen Lebens erinnert. Die Kiefer z.B. zeugt von tiefer Entschlossenheit, und ihre Nadeln sollen böse Geister vertreiben. In Gärten wird sie oft für die Darstellungen der Kranich- und Schildkröten-Insel benutzt. Der Kirschbaum, der im Frühling mit seinen Blüten einen weißen Teppich streut, ist Sinnbild für Reinheit im Leben. Der Pflaumenbaum, der auch aufgrund seiner Blütenpracht bewundert wird, steht sinnbildlich für Tugendhaftigkeit.

Geschichte Teil 1

6. bis 12. Jahrhundert

Und wie jede Entwicklung der Kunst ist auch die japanische Gartenkunst sowohl durch die religiös-philosophischen Strömungen als auch durch die politischen und sozialen Verhältnisse, in denen eine Gesellschaft heranwächst, geprägt.

Vom 6. – 12. Jahrhundert nach der westlichen Zeitrechnung, in der *Asuka-*, der *Nara-* und der *Hei An-*Periode*, waren die japanischen Herrscher von der kaiserlichen Hofkultur Chinas geprägt; China wurde zum großen Vorbild. Die chinesische Schrift wurde übernommen, die Regierungsform kopiert und die chinesische Kunst imitiert. Natürlich fanden auch die taoistischen und buddhistischen Weltvorstellungen der Chinesen in Japan Eingang und formten das Weltbild der Japaner.

Die „Kunst der Gartengestaltung" hielt in Japan erst im 7. Jahrhundert Einzug. Die ersten Gärten, die entstanden, waren noch Nachahmungen der Gärten Koreas und Chinas, die immer zu den kaiserlichen Palästen gehörten. In der *Asuka-*Zeit und mit Aufkommen des Buddhismus um 613 wurde der erste Stein als Symbol für den *Weltenberg sumeru* oder *shumisen**, dem Sitz Buddhas, in einem Garten aufgestellt. Dieser Garten entstand im Auftrag der

---

*vgl. Zeittafel

Kaiserin und wurde von einem koreanischen Künstler gestaltet. Man erzählt sich, daß er sich mit dieser Arbeit vor der Verbannung rettete.

Es blieb keine Ausnahme, daß die japanischen Kaiser ihre Gartenanlagen von einfachen Leuten des Festlands anlegen ließen. Im Jahre 710 entstand die erste japanische Hauptstadt *Nara*, als Miniaturausgabe der chinesischen Stadt *Chang Án*; sie war mit Tempeln und Tempelgärten im chinesischen Baustil angefüllt. In Nara wurde die erste große Buddha-Statue in der Höhe eines vierstöckigen Hauses geschaffen.

Japan entwickelte sich zum Weltzentrum des Mahayana-Buddhismus*. 794 wurde *Hei An*, das heutige *Kyoto*, Hauptstadt. Es entstanden große Teichgärten, die zwar religiöse Motive enthielten, aber in ihrem Charakter eher einem uns bekannten Vergnügungspark glichen. Gartengestalter waren jetzt nicht mehr ausländische Handwerker oder einheimische Bauern. Nun war das Interesse der Aristokraten und Mönche an der Gartengestaltung wach geworden. Die Gärten erlebten einen Stilwandel, da die Gestaltung eines Gartens immer auch auf den Charakter des Besitzers hinwies.

---

*vgl. Zeittafel

Die schönen Künste

Die *Hei An*-Periode wird oft als die Blütezeit der schönen Künste in Japan angesehen. Damals wurde eine Wahrnehmungs- und Empfindungsfähigkeit entwickelt, die nachhaltigen Einfluß hatte und im Zen eine große Rolle spielen sollte. Es entstanden Literaturformen, die die Zen-Poesie der *Haikus*⁎ hervorbrachten.

Die Beherrschung der Kalligraphie⁎, Grundbedingung gesellschaftlicher Anerkennung, wurde Voraussetzung der monochromen, einfarbigen, Zen-Malerei. Kunst und Natur sollten im Leben verschmelzen und im Garten eingefangen werden. Aber auch die Gefühle, die der Wandel der Natur, Frühling, Sommer, Herbst und Winter, in uns hervorrufen, spiegelten sich in ihnen wider.

Die Adligen wollten ihr Lebensgefühl, das immer auch ihrem Naturgefühl entsprach, in den Gärten ausdrücken. In dieser historischen Zeit erinnerte die Kirschblüte an die äußerliche Schönheit und die Pflaumenblüte an Sanftmut und Tugend einer Frau. Das Gras wurde mit der Liebe in Verbindung gebracht. Die Kiefer stand für Langlebigkeit oder als Ausdruck für Sehnsucht. Der Wald stand für Schutz, und Blumen bedeuteten Schönheit – ausgenommen die Sonnenblume, die ein Zeichen für Kummer war.

⁎siehe Glossar

Das höchste Ideal dieser Gesellschaft war Schönheit. Schönheit war im Dekorativen, im Schmückkenden, nicht im Funktionalen, im Zweckmäßigen zu finden.

Schönheit drückte sich in Vielfalt aus. Sie zeigte sich in den unbehauenen Steinen, in den natürlich gewachsenen Bäumen und Pflanzen. Ebenso fand sie sich in dem Gespür für Farben, das sich sowohl in der Kleidung als auch in der Pflanzenauswahl für den Garten zeigte.

Vor allem aber sollte in der Kunst eine Stimmung eingefangen werden, die der vornehmen und anmutigen höfischen Kultur entsprach. Begriffe wie *miyabi*, *mono en aware* und *mujo* entstanden. *Miyabi* bedeutet das Elegante, das Vornehme und der Blick auf das Schöne, über den nur ein am Hof Lebender verfügen kann. *Mono* ist der Gegenstand, der eine angenehme Empfindung in uns auslöst; es bedeutet soviel wie bezaubernd, eine Schönheit, die sich zurückhaltend offenbart. *Aware* drückt das Gefühl aus, mit dem auf diese Schönheit reagiert wird. *Mujo* ist das Gefühl, das beim ständigen Wandel, dem Wechsel der Jahreszeiten, erlebt wird, ebenso wenn das Alter sich zeigt und dem Menschen seine Vergänglichkeit bewußt wird.

Hübsche Dinge

Das Gesicht eines Kindes, das seine Zähne in eine Melone gräbt.

Ein junger, gefangener Sperling, der zaghaft näher trippelt, wenn du ihn lockst oder wenn er von seinen Eltern mit Würmern und dergleichen gefüttert wird.

Ein spielendes, vielleicht dreijähriges Kind, das irgendeinen kleinen Gegenstand auf der Erde entdeckt, ihn fest mit seinen niedlichen Patschhänden umklammert und ihn dir zum Bewundern bringt.

Eine kleine Klosterschülerin, die das Haar energisch nach hinten wirft, um den Blick frei zu bekommen.

Die Haare waschen, sich schminken und ein nach köstlichem Räucherwerk duftendes Kleid anlegen – in welch wunderbare Stimmung versetzt das, selbst wenn uns niemand sieht.

In der Nacht, wenn man jemanden erwartet, dem fallenden Regen zu lauschen und dem Nachtwind, der am Hause rüttelt – oh, wie beginnt unser Herz da plötzlich zu klopfen!

Von einem bösen Traum zu erwachen, den
man mit Gewißheit für eine Ankündigung
kommenden Unheils hält, und dann vom
Traumdeuter zu erfahren, daß es keine
besondere Bewandtnis damit hat.

SEI SHONAGON, JAPANISCHE HOFDAME
UM DAS JAHR 1000

Chinesische Geomantie und das *sakkutei*

Die chinesische Geomantie, heute bekannt als Feng Shui, beruht auf dem ganzheitlichen Verständnis, daß sich die Innenwelt des Menschen und die Außenwelt der Natur ineinander widerspiegeln.

Mit Hilfe der Geomantie wurde die Lage der Paläste und der Gartenfläche ausgesucht. Grundsätzlich wurden die kaiserlichen Anlagen nach Norden ausgerichtet. Dabei orientierte man sich am Polarstern, der im Norden liegt und um den sich die anderen Sterne „versammeln". Die Kaiser in China wurden mit dem Polarstern verglichen, weil sich alle weltlichen und religiösen Dinge um sie drehten.

Das Wohnhaus (= *shinto*) bzw. die Kaiserhalle oder Buddhahalle, liegt also im Norden, der für Ruhe und Stabilität steht. Davor breitet sich ein Teichgarten aus; dadurch bleibt der Süden offen und flach, was sicherstellt, daß den Bewohnern Freude und Anerkennung zufließen können. Im Osten und Westen wird der Bereich durch Mauern bzw. Seitengänge des Wohnhauses abgeschlossen, womit Eintracht, Glück und Wohlstand geschützt werden. Dieser streng symmetrische chinesische Baustil wird als *Shinden*-Stil bezeichnet.

Mit diesen Gesetzen wurde nicht nur die Lage der Gärten bestimmt, sondern auch die der einzelnen Elemente und ihre Funktion innerhalb des Gartens.

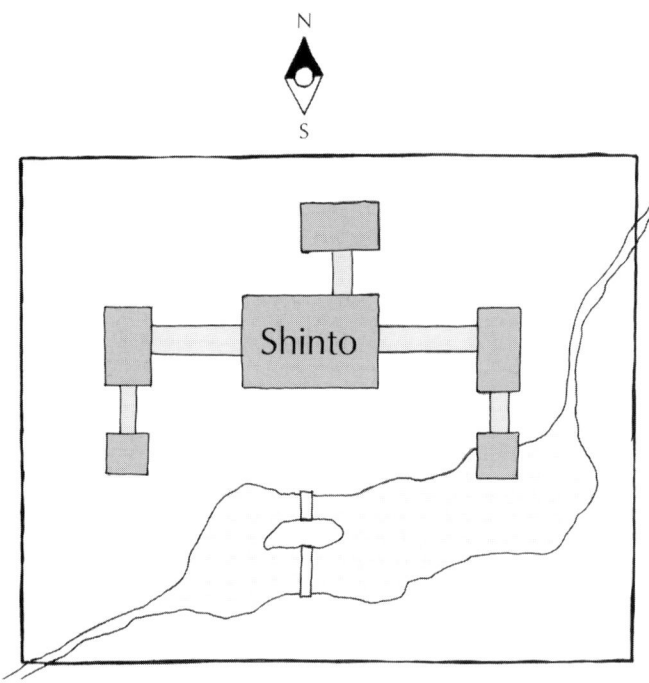

Shinden-Stil

Immer sollte eine harmonische Ausgewogenheit
zwischen Leere und Flüssigkeit (= *yin*)* auf der
einen und Masse und Körper (= *yang*)* auf der
anderen Seite geschaffen werden. Das ist es auch,
was uns in den Zen-Gärten wieder begegnet: die
Ausgewogenheit zwischen der Sandfläche und den
darin gesetzten Steinen.

*siehe Glossar

Das *sakkutei* ist ein Handbuch der Gartengestaltung, das im 12. Jahrhundert entstand. Es enthält Ratschläge für das Anlegen eines Gartens und dessen Gestaltung. Es gibt, ähnlich wie in der chinesischen Geomantie, Hinweise zur Verwendung der Materialien Wasser, Stein und Bäume bzw. Pflanzen:

- Der Wasserlauf soll von Nordost nach Südwest fließen.
- Sorgsamer Umgang ist mit aufrechtstehenden Steinen zu empfehlen. Sie können die Lebensenergie, das *Chi/Qi* positiv oder negativ beeinflussen.
- Ein im Nordosten, im „Tor des Teufels", aufgestellter Stein, kann bösen Geistern den Zugang zum Garten gewähren.
- Die einzelnen Elemente sollen immer unregelmäßig in die Symmetrie der Palastanlagen eingefügt werden.
- Beim Anlegen von Teichen, Inseln und dem Plazieren von Steinen soll man sich immer die natürliche Landschaft vor Augen halten (d.h. man soll immer auf die natürlich gewachsene Form achten)
- Die Elemente der Gartengestaltung sind lebendig, sind Wesen mit eigenem Charakter. Steine z.B. haben einen Kopf, der immer in den Himmel zeigen muß.

- Jedes Element soll so gesetzt werden, daß sich das darauffolgende Element auf das vorhergehende einstimmen kann.
- Die Elemente haben eine Seele, und um die Seele zu verstehen, muß man innerlich ganz still sein.
- In der Stille zeigt sich die Fähigkeit, sich in die Natur einzufühlen, dort wird ein Gefühl für die Atmosphäre der Landschaft gewonnen, das sich dann im Garten widerspiegeln kann.

Einfluß des Buddhismus auf die Gartengestaltung

Buddha lehrte, daß es keinen universalen Gott gebe, daß diese Welt keine Wirklichkeit habe. Die Erleuchtung liegt im Buddhismus – im Unterschied zum Hinduismus – nicht in der Verschmelzung des inneren Gottes mit der größeren Gottheit, sondern in der Erkenntnis, daß es nichts gibt, was zu verschmelzen wäre. Ziel ist, die leidvollen Seiten der sinnlichen Erfahrung, wie etwa Schmerz oder Angst, zu überwinden, indem man die äußere Welt als Täuschung erkennt und in meditativer Versenkung inneren Frieden findet.

Buddha lehrte die vier edlen Wahrheiten:
• *Leben ist Leiden*
• *Leiden entsteht durch Begehren*
• *Begehren kann überwunden werden*
• *Der Weg zur Überwindung wird durch den achtfachen Pfad angezeigt:*
    rechte Anschauung
    rechtes Wollen
    rechte Rede
    rechtes Handeln
    rechtes Leben
    rechtes Streben
    rechtes Denken
    rechtes Sich-Versenken

Wer dem achtfältigen Pfad folgt, weiß, daß die äußere Welt nur eine Täuschung ist und ihre Begierden und Leiden überwunden werden können.

Der Buddhismus breitete sich über Indien, Ceylon und Südostasien aus und spaltete sich in *Hinayana**** und *Mahayana*, aus dem sich dann der Zen-Buddhismus entwickelte.

Unter den vielen buddhistischen Strömungen, die zu dieser Zeit nach Japan kamen, fand die *Shingon*-Schule* während der *Hei An*-Periode eine große Anhängerschaft. Ihre Praktiken – dazu gehören dekoratives Theater, heilige Gesänge und Gebete, *Mudras** und Versenkung in heilige *Mandalas** – mit denen sie die Lehre Buddhas verkündeten, entsprachen dem Geschmack der höfischen Bevölkerung. Die Kaiserpaläste samt Gärten wurden zu Schauplätzen solcher rituellen Zeremonien. Als Beispiel sei die weiße Sandfläche vor dem Wohnhaus genannt, in die Mandalas gemalt bzw. mit dem Rechen hineingezeichnet wurden. Diese Fläche wurde dann zu zeremoniellen Zwecken oder zum Rezitieren von heiligen Gebeten und Gesängen genutzt.

---

*siehe Glossar

Religiöse und philosophische Motive

Vor allem der Taoismus und der Buddhismus boten neue Motive und prägen bis heute das Bild der Gärten. Beide Religionen verstärkten die Naturverbundenheit der Japaner. Jeder Teil der Natur ist auch ein Teil des Menschen; auf diese Weise kann er sie denn auch gestalten – als ein Teil seiner selbst. Damit wird der Garten sowohl für den Erschaffer als auch für den Betrachter ein Teil von ihm selbst und damit ein Teil der Welt.

In einer taoistischen Legende spiegelt sich der Ursprung aller fernöstlichen Gärten. Darin wird von fünf heiligen Inseln vor der Küste von Shantung (China) erzählt. Sie lagen fest und sicher auf dem Rücken von Riesenschildkröten im Ozean und waren von Berggipfeln bedeckt, die hoch über das Meer ragten und in deren Tälern ein Paradies lag. Ihre Bewohner waren unsterblich und konnten mit Hilfe von Kranichen weite Reisen unternehmen.

Eine andere Fassung besagt, daß den „seligen" Inselbewohnern fünf Riesenschildkröten geschickt wurden, damit diese die Inseln mit den Unsterblichen auf den Rücken nehmen konnten, um ihnen einen sicheren und festen Halt im Ozean zu geben. Dabei verschwanden zwei Schildkröten und mit ihnen zwei Inseln.

Ein chinesischer Kaiser versuchte, die Inseln der Seligen zu finden, um das Geheimnis der Unsterblichkeit zu lüften. Doch seine Suche blieb immer erfolglos, und so errichtete er in seinem Garten eine ideale Landschaft, um die Unsterblichen damit anzulocken. Die Unsterblichen sind nie gekommen, aber der Anfang der chinesischen Gartenkunst war gemacht.

Aus dieser Legende entspringen die Gartenmotive der Kranich- und Schildkröteninsel sowie der drei oder fünf Inseln der Seligen. Sie werden in Form einer Insel mit Kiefer, die einen Kranich oder eine Schildkröte symbolisiert, dargestellt.

Auch Gesteinskompositionen können als Schildkröten- und Kranichinsel bzw. als Inseln der Seligen fungieren. Sowohl Schildkröte als auch Kranich wurden zum Sinnbild für Langlebigkeit. Zudem verkörpert der Kranich die Reise der Totenseele ins Paradies.

In der Legende von den „Inseln der Seligen" erkannten die Japaner als Inselvolk sich selbst und ihr Land wieder.

Kranichinsel

Schildkröteninsel

Auch mit einem weiteren Motiv wußten sich die Japaner zu identifizieren: Der höchste Berg Japans, der Fuji (Fudschijama) in Kyoto, gilt als Sinnbild für den Berg *sumeru*.

Weltenberg Sumeru

Sumeru oder *shumisen** steht im Mittelpunkt des buddhistischen Weltbildes und ist Sitz der verschiedenen Gottheiten. Er bildet die Achse des Universums. Um ihn herum liegen acht konzentrische Kreise, die Berge und zwischen ihnen liegende Ozeane darstellen.

*siehe Glossar

Weltenberg Sumeru mit acht Kreisen

Im letzten Kreis liegen vier Inseln, die von Menschen bewohnt sind. Das Motiv des Weltenberges und das der neun Berge und acht Ozeane können wir immer wieder als Steinanordnung in einem japanischen Garten finden.

Steinkomposition mit neun Bergen

Eine andere Vorstellung, aus der nicht nur ein Motiv entstand, sondern die auch in einem eigenen Gartentyp Ausdruck fand, ist die vom Paradies. Danach liegt es am Ende der Welt im Westen. Es ist das Land der Reinheit, dessen Herrscher *Amida** ist, der Buddha des ewigen Lebens. Aufgrund seiner Weisheit und seines Mitgefühls wurde er zu einem der beliebtesten Buddhas des Volkes. – Der Garten selbst, der Teich mit Insel und die Palasthalle wurden zum Paradies.

Amida-Buddha wird oft in Verbindung mit zwei niederen Gottheiten in Form einer Dreier-Steinformatierung, d.h. mit einem aufrechtstehenden Stein in der Mitte und zwei kleineren daneben, gezeigt (siehe gegenüberliegende Seite).

Eine andere Dreieranordnung ist das Motiv der dreiteiligen Struktur der Welt. Ein großer Stein in der Mitte deutet auf den Himmel, rechts bzw. links ein mittelgroßer für die Erde und ein kleinerer für den Menschen.

---

*siehe Glossar

Dreier-Steingruppe des Amida-Buddha

Steingruppe der dreiteiligen Struktur der Welt

Noch eine Dreier-Steingruppe ist die der drei Heiligen. Der größte Stein soll die bösen Geister, die aus Nordosten kommen, aufhalten bzw. zum Boden lenken, damit die zwei kleineren, nach Süden und Westen hin liegenden Steine die Geister endgültig vertreiben können.

Nach diesen Motiven entstanden die ersten großen Landschaftsgärten: die Teichgärten. Sie werden in zwei Typen unterteilt: Palastgarten und Paradiesgarten.

*Steingruppe der drei Heiligen zur Vertreibung
der bösen Geister*

Palastgarten

Der Kaiserpalast bot den Rahmen für den Garten. Vor dem Palast breitete sich eine riesige Gartenfläche aus, in deren Mitte sich ein Teich mit meist drei Inseln befand. Rechts und links wurde der Bereich durch Seitengänge des Palastes abgegrenzt. Ein Seitengang endete meist in einem Angelpavillon, das über dem Wasser des Teiches auf einer Insel angelegt war (vgl. *Shinden*-Stil S. 35). Der diesem gegenüberliegende Seitengang mündete meist in einem Quellenpavillon. Die Inseln waren miteinander und mit dem Ufer durch die typisch chinesischen rotlackierten Brücken verbunden. Dem Palast und Teich gegenüber waren im Hintergrund Bäume und Büsche gesetzt.

Von der Haupthalle des Palastes, die eine Art Veranda besaß, führte eine Treppe in den Garten. Die Fläche direkt vor der Veranda war meist mit weißem Sand bedeckt und diente zeremoniellen Zwecken, z.B. zur Anrufung der Götter oder zur Ehrung des Kaisers, der auch religiöse Aufgaben zu erfüllen hatte. Anschließend war eine Hügel- oder Felslandschaft ähnlich den Uferzonen einer Felsenküste geformt worden, die eine Baumlandschaft schmückte. Das Wasser kam meist als Kanal aus der Nordrichtung in den Palast, wurde dann unter den Seitengängen hindurchgeleitet, um sich auf der Südseite in einen Bach zu verwandeln.

Diese Gärten können wir vielleicht mit den barocken Lustgärten unserer westlichen Kultur vergleichen. Sie dienten eher der Freude, dem Spiel und der Entspannung. Bootsfahrten und Spaziergänge gehörten zum täglichen Leben. Und immer wieder wurde die Liebe zur Natur ausgedrückt, nicht nur durch den Garten selbst, sondern auch durch die musikalischen und dichterischen Darbietungen, die in den Gärten stattfanden.

Der große Buddha,
er döst und döst
den ganzen Frühlingstag.

SHIKI

Paradiesgarten

Mit der Verbreitung des Buddhismus wandelten sich die Palastgärten in Paradiesgärten. Die formale Anordnung war die gleiche, der Inhalt trug allerdings hauptsächlich religiöse Merkmale. Die Palasthalle wurde durch die Buddha-Halle ersetzt und der Teich zum symbolischen Lotusteich* des Buddhismus. Die Paradiesgärten waren kleiner, und der Freiraum vor der Halle war weniger abwechslungsreich gestaltet. Hinter dem Teich, den man meistens umgehen konnte, wurden ebenfalls Gebüsch und Gehölz angepflanzt.

Ein weiterer Typ der Teichgärten ist eine Art von Tempelgarten, den man meist nur von der Veranda aus betrachten konnte. Sein Merkmal ist, daß er nach der kleinen Freifläche vor der Veranda einen eher schmalen, langgestreckten Teich freigibt, hinter dem sich dann ein Hügel steil aufrichtet.

---

*siehe Glossar

Der Zen-Garten

Aus den Teichgärten, die man auch als Wasser-
landschaften bezeichnen könnte, entwickelte sich
der *kare san sui**: Ein Trockenlandschaftsgarten, der
der Meditation diente/dienen sollte. Mittelpunkt
des Gartens ist nicht länger der Teich, sondern die
Sandfläche, die das Wasser ersetzt.

Es ist eine Weiterentwicklung, denn wenn wir genau
hinschauen, finden wir ihn schon im frühen Shinto-
ismus* – in Form der *iwa kuras**. In den Anfängen
der *Hei An*-Periode** wurde die leere weiße Fläche
vor der Veranda Bestandteil der Anordnung, und
gegen Ende entstand der Tempelgarten, der nur zur
Betrachtung da war, aber noch in Verbindung mit
den Teichgärten auftrat. Erst im 15. Jahrhundert
erscheint der Sand- und Steingarten als eigenständi-
ger Gartentyp, der die geistige Lehre des Zen-
Buddhismus widerspiegelt.

Der *kare san sui* ist also keine Neuerfindung des
japanischen Mittelalters, sondern eine Fortentwick-
lung der vorgegebenen Formen und auch Gedan-
ken, die im *sakkutei** schon erwähnt werden. Steine
werden an die Stelle gesetzt, an der eigentlich ein
Teich bzw. ein Wasserlauf wäre. Inseln schwimmen
nicht mehr im Teich, sondern in einem Sand- oder

---

*siehe Glossar **vgl. Zeittafel

Moosteppich. Ein großer flacher Stein, der soge-
nannte Lotussitzstein, gilt als Gleichnis für die
Meditation.

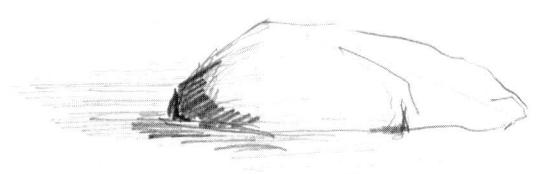

Meditationsstein

Eine bestimmte Steinsetzung stellt einen Dra-
chentor-Wasserfall dar. Es ist ein Wasserfall, der aus
einem großen oder mehreren flachen Steinen in der
Mitte gebildet und an den Seiten von großen, run-
den Steinen eingerahmt wird. Am Fuß befindet sich
ein einziger, nach oben gerichteter Stein, der einen
Fisch verkörpert. Meistens ist es ein Karpfen und
deshalb nennt man diesen Stein auch den „Karpfen-
stein". Es kann aber auch ein Stör sein, denn beide
Fische schwimmen stromaufwärts und können sich
gemäß einer chinesischen Legende in einen Drachen
verwandeln, wenn sie den Wasserfall „Das Tor des
Drachens" überwunden haben. Dieses Motiv wird
von den Zen-Buddhisten gern als Sinnbild für den
Weg zur Erleuchtung verwendet.

Drachentorwasserfall

Geschichte Teil 2

12. bis 16. Jahrhundert

Im 12. bis 16. Jahrhundert wurde die Adelsherr-schaft durch eine Shogunatsherrschaft* abgelöst. Diese Zeit wird als die *Kamakura*- und *Muromachi*-Periode** bezeichnet, da zuerst *Kamakura*, eine Stadt nördlich von Kyoto, und dann *Muromachi*, ein Bezirk von Kyoto, Sitz der Herrschenden war.

Die Jahrhunderte waren von großen inneren Spannungen geprägt, die auch einen zehnjährigen Krieg mit sich brachten. *Shogune*, kaiserliche Feldherren, und Samurais, eine Kriegerkaste der Shogune, regierten anstelle des Kaisers das Land.

Aus China gelangte der Zen-Buddhismus nach Japan und wurde zum kulturbestimmenden Element. Sowohl die Grundidee des Zen, nach der sich weder Freude noch Leid unterscheiden, da das wahre Wesen der Dinge unterschiedslos ist und nur das Denken Unterschiede macht, als auch die intensive Auseinandersetzung des Zen mit dem Tod, hatten direkten Einfluß auf die Herrschenden und zeigten sich in der Geschichte des Mongolen-aufstandes. Es wird gesagt, daß nicht nur Taifune (Wirbelstürme) – seither *kami kaze*, „rettende Götterwinde", genannt – den Eroberungsversuch der Mongolen zunichte machten, sondern auch die

Samurai-Kämpfer, die das Zen-Studium durchlaufen hatten. Die Mongolen, die für ihren Sieg immer auf die Angst ihrer Gegner zählten, fanden in den Samurais keine Angriffsfläche, da diese den Zustand von Angst und Freude nicht kannten.

Entscheidend für die Verbreitung des Zen war aber wohl die Tatsache, daß nun jeder, und zwar aus eigener Kraft, die Erleuchtung, d.h. den Buddha in sich selbst erfahren konnte. Es war nicht länger nur Amida, eine Kraft von außen, durch den Erleuchtung erlangt werden konnte und der das Paradies versprach. Das „reine Land", das Paradies, lag nicht in der Ferne und jenseits des Todes, sondern war hier und jetzt. Zen war also etwas ganz Irdisches. Es schenkte Selbstvertrauen und förderte das Selbstbewußtsein.

Alle Weisheit kommt
aus der Essenz des Geistes,
nicht aus der äußeren Quelle,
darüber sei Dir im klaren.
Das nennt man
das wahre Selbst gebrauchen.

ZEN-WEISHEIT

Zen wurde zum Nährboden für verschiedene künstlerische Bereiche, die sich zu „Wegen", japanisch *do*, entwickelt haben. Dazu gehören z.B. *bushido*, der Weg des Kriegers, *chado*, der Teeweg, *kado*, der Blumenweg und *kendo*, der Weg der Schwertkunst. – Die Gartenkunst kann auch als ein „Weg" der Geistesschulung des Zen betrachtet werden.

Die Gärten, die in dieser Zeit entstanden, gehörten sowohl zu den Palastanlagen der Shogune und Samurais, als auch zu den neuen Tempeln der Zen-Buddhisten. Die Gestaltung der Gärten wurde meist den Zen-Mönchen und den *kawara monos*, den „Leuten vom Flußufer", überlassen. In der *Hei An*-Periode gehörten diese zu einer niedrigen Kaste, die am Fluß *(kawara)* lebte. Erst im Laufe der Zeit entwickelten sie sich zu geschickten Gartenkünstlern und kamen dadurch zu gesellschaftlichem Ansehen.

Die Anlagen wurden im japanischen *Shoin*-Stil* gebaut (siehe gegenüber), der im Vergleich zu jenem der *Hei An*-Periode vielschichtiger und unregelmäßiger war. Dieser Stil erlaubte nur noch eine kleine, von Mauern oder Hecken eingegrenzte Fläche zur Gartennutzung. Er war nun nicht mehr zu durchwandern oder mit dem Boot zu durchfahren, sondern allein geistig zu ergründen. Der Garten galt

---

*siehe Glossar

nicht länger als ein Ort der Freude und Spielerei, sondern wurde zum Ort der Ruhe und Meditation. – Vielleicht könnte man behaupten, daß diese Gärten ein Gegengewicht zu der von Kriegswirren durchzogenen Zeit bildeten.

Die Veränderung der Funktion des Gartens bewirkte auch eine Änderung der Formensprache, mit der gestaltet wurde, wobei der ästhetische Geschmack eine bestimmende Rolle einnahm.

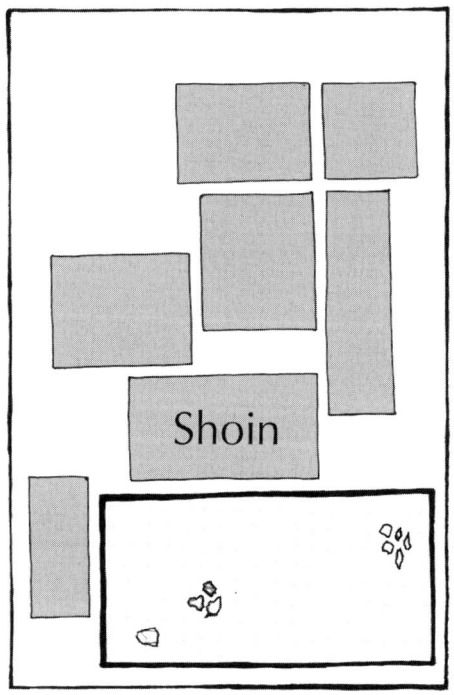

Shoin-Stil

Schönheit im Einfachen

Suchte man in der *Hei An*-Periode Schönheit in den äußeren Erscheinungsformen, so fand man jetzt wahre Schönheit im Einfachen und in der Tiefe. Es ging nicht länger um die bloße Nachahmung der Schönheit der Natur oder des Wechsels der Jahreszeiten, sondern um das Erkennen des inneren Wesens der Natur, das sich in Rhythmen, Größenverhältnissen und Bewegung ausdrückt.

Der Begriff *yohhaku no bj* beschreibt das Gefühl, das Schönheit im Kargen sieht, im Einfachen, besonders im Weiß. Es zeigt sich in der unbemalten Fläche der Zen-Kalligraphie und in den leeren Räumen, den Sandflächen der Zen-Gärten. Es entspricht dem Zen-Geist, der die äußere Erscheinungsform nur als eine Illusion sieht und das Wesentliche im Unausgesprochenen, im „Nichts" erkennt.

Yugen, ein ästhetischer Begriff dieser Zeit, der mit Tiefgründigkeit gleichzusetzen ist, sucht hinter dem nach außen gezeigten Bild das wahre Wesen der Wirklichkeit. Gleichzeitig ist auch das Bewußtsein gemeint, das von der Vergänglichkeit der Schönheit weiß. *Wabi* und *sabi* sind Begriffe, die das Einfache, Schlichte und das Sich-Selbst-Genügen zum Inhalt haben.

Aufgrund dieser Schönheitsideale konnten die Gestaltungselemente, mit denen eine Landschaft geschaffen wurde, auf die Farben Schwarz und

Weiß, bzw. auf die Materialien Sand und Stein reduziert werden, womit Wege der Abstraktion begangen werden konnten. Das entscheidende Gestaltungsprinzip war, durch „wenige" Mittel noch „mehr" Ausdruck zu finden und so zu noch mehr Schlichtheit zu gelangen.

Sommergras
ist alles, was geblieben ist
vom Traum des Kriegers.

BASHO

Der Zen-Garten als Ausdrucksform

Der Zen-Garten kann als Sinnbild für das Weltganze und für das menschliche Suchen nach innerer Erkenntnis betrachtet werden. Er ist ein wasserloser Garten, der nur mit Sand und Stein eine abstrakte Landschaft darstellt. Dabei werden, wie anfänglich beschrieben, die Gestaltungsprinzipien der Tuschemalerei angewandt und in den Raum übersetzt. Das bedeutet, daß hinter der Gestaltung, neben philosophischen und religiösen Motiven, auch ein Kunstwollen steht. Die Aufmerksamkeit liegt hier auf der leeren weißen Sandfläche, in die mit dem Rechen Linien gezogen und Steine als Gegengewicht gesetzt sind, und aus der sich Sandkegel erheben können.

Stein und Leere

Sand

Sand als Verwitterungsprodukt von Stein ist weich, fließend und formbar. Er stellt das Wasser dar und steht im übertragenen Sinn auch für das menschliche Leben. Aus der Sandfläche steigen Kegel aus festgeklopftem Sand auf, die Berge im Meer andeuten, die den Weltenberg *Sumeru** verkörpern – es können aber auch einfach Vorratskegel sein, in denen der Sand zusammengeschoben ist, der gerade nicht benötigt wird.

Sandkegel

*siehe Glossar

Doch in erster Linie ist der Sand nichts als Sand und steht für die Leere. Geharkte Sandmuster dienten als Bodenrelief für zeremonielle Zwecke und als Mandalas zur geistigen Übung. Alle Muster beschreiben durch ihre Bewegung die Leere.
Beliebte Muster sind Parallel- und Wellenlinien:

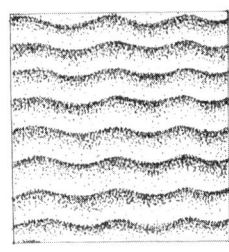

Wellen: Symbol für Fluß-
            oder Bachläufe

Bogen: Hügellandschaf-
           ten, Fischschup-
           pen

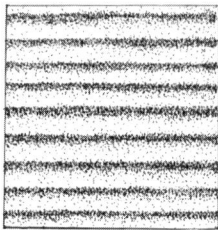

Parallelen: Andeutung von Wegen

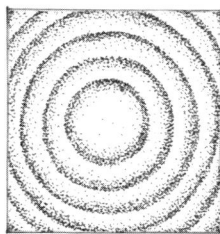

Kreise: Zeichen für das Wasser, das an den Berg gespült wird

Spiralen: Bewegungssymbol; die Spirale zeigt den Weg hinein und hinaus, es ist ein Sinnbild für Veränderung und ein Zeichen für die Einheit von Leben und Tod.

Steine

Hauptsächlich wird die Leere, das zentrale Thema der Gärten, durch Steine bzw. Steingruppierungen hervorgehoben. Steine geben der Leere Form. Steine werden wegen ihrer ungewöhnlichen Form geschätzt und im Garten als Skulptur eingesetzt. Sie können als religiöse Symbole betrachtet werden, aber auch Inseln, Berge oder Wasser ersetzen.

Ein großer Naturfels mit einer Reihe von kleinen Felsen kann den Weltenberg mit den acht Meeren und acht Bergen darstellen. Die Kranichinsel kann durch aufrechtstehende Steine gebildet werden, die Schildkröteninsel kann durch Gesteinsanordnungen dargestellt werden, die gedrungen und fest wie eine Schildkröte wirken.

Kranichinsel als Gesteinsgruppierung

Schildkröteninsel als Gesteinsgruppierung

Die Dreier-Steingruppierung kann an Amida-Buddha* erinnern oder auf den dreiteiligen Aufbau der Welt hindeuten. Es können auch die drei Heiligen sein, die das Wohnhaus und den Garten vor bösen Geistern beschützen. Eine Dreier- oder Fünfer-Steinformation kann auf die Insel der Seligen* verweisen.

Die Anordnung von fünfzehn, z.B. im Rhythmus von sieben, fünf und drei Steinen, oder von neun, drei und drei Steinen kann alle Vorstellungen einschließen, kann aber auch ästhetische Berechnung sein, um dem Ideal von Asymmetrie Ausdruck zu verleihen.

7-5-3-Steinsetzung

---

*siehe Glossar

Mit Asymmetrie wird ein Gleichgewicht geschaffen, das typisch für die Gestaltung eines japanischen Gartens ist. Durch Ungleichmäßigkeit ist der Betrachter frei von Begrenzungen. Er kann seiner Phantasie freien Lauf lassen und trägt somit zur kreativen Entwicklung bei. Asymmetrie ist Bewegung, Bewegung zeugt von Lebendigkeit, und Lebendigkeit bedeutet Schönheit.

Diese Darstellungen und Deutungen bleiben jedoch immer ungewiß. Es ist der Betrachter, der nach seinem eigenen Empfinden Gleichnis und Symbol wiedererkennt oder das Ganze als Form von plastischer Kunst anschaut. Es hängt von seiner Wahrnehmung ab.

Zwei Mönche, die neben einer Fahnenstange stehen, diskutieren miteinander. „Die Fahne bewegt sich", sagt der eine. „Nein", erwidert der zweite, „nicht die Fahne bewegt sich. Der Wind bewegt sie." In dem Augenblick kam der Zen-Meister und sagte: „Weder die Fahne, noch der Wind bewegt sich. Eure Herzen bewegen sich."

ZEN-ANEKDOTE

Meditieren im Zen-Garten

Zen in der Kunst, einen Garten zu gestalten

Wie schon erwähnt, ist das Zen etwas ganz Irdisches. Das Paradies ist im Zen-Buddhismus nicht im Lande von *Amida** zu suchen oder irgendwann nach dem Tod erreichbar, sondern es ist ein Zustand, den wir hier und jetzt auf Erden erleben können. Jeder kann durch eigenes Bemühen und ohne an etwas glauben zu müssen über den Weg der Meditation Erleuchtung erfahren. Im Zen ist Erleuchtung das Erkennen der Buddha-Natur, die das wahre Wesen jedes einzelnen Lebewesens ist.

> *Erleuchtung heißt, das eigene Wesen*
> *erkennen, und das bedeutet,*
> *das Wesen des Kosmos und aller*
> *Dinge erkennen.*
> *Dies ist das Fenster zur Erleuchtung.*
> *Wir können das wahre Wesen der*
> *Dinge Wahrheit nennen.*

H.Y. Roshi

---

*siehe Glossar

Achtsamkeit und Sorgsamkeit

Zen-Mönche sind der Überzeugung, daß auch im bewußten Verrichten von ganz alltäglichen Dingen die Erleuchtung erfahren werden kann. Jede Tätigkeit hat eine geistige Bedeutung und jede körperliche Arbeit ist auch eine Art von Meditation. Körper und Geist sind nicht zu trennen. So ist auch die Gestaltung und Pflege eines Gartens, und sei er noch so klein, eine meditative, aber auch ästhetische Übung. Es geht nicht mehr um das, was wir machen, sondern wie wir es machen. Der Weg ist das Ziel.

Absichtslos kommen und gehen
wie die Wolken am Himmel,
weich fließen wie das Wasser
und ohne Zögern
um jedes Hindernis herum.

(Daher nannten sich die Zen-Mönche früher „Wolke und Wasser".)

Lehre von der Versenkung und der offenen Weite

Die Geschichte von Bodhidharma* und dem chinesischen Kaiser Wu ist ein weiterer Schlüssel zum Verständnis des Zen:

Kaiser Wu, der viele Klöster und Schulen erbaut hatte, fragte Bodhidharma, welche Verdienste er erworben habe. Bodhidharma antwortete: „Keine, trotz alledem." Der Kaiser war erstaunt und fragte: „Was bedeutet die heilige Wahrheit?" Bodhidharmas Antwort lautete: „Offen und weit, nichts ist heilig." Kaiser Wu fragte: „Sag mir, wer bist du?" Bodhidharmas berühmte Antwort lautete: „Das weiß ich nicht."

Nach diesem Gespräch soll Bodhidharma neun Jahre in meditativer Versenkung vor einer Felswand verbracht haben. Er trug deshalb den Beinamen „wandanstarrender Brahmane".

Mag dies auch ein Bild dafür sein, daß der Verstand uns daran hindert, den Weg zur Erleuchtung zu finden, bis wir unser Herz geöffnet haben.

---

*siehe Glossar

Im Garten zeigt sich das in der leeren Sandfläche, offen und weit, aber doch begrenzt durch die Einfriedung der Mauer.

Zen-Garten

»Es ist, was es ist …«

Die „Soheit" des Buddhismus

Es gibt keine Götterverehrung im Zen, so mögen der Sand, die Muster und die Kegel zwar an die mythischen Gestalten und Formen der *Hei An*-Periode erinnern (vgl. S. 47–57). Hier meinen sie aber wirklich nichts anderes, als sich selbst, eben Sand und Stein. Der Stein verkörpert nicht das Universum, er IST ein Stein und IST das Universum.

> *Das Eine ist in allem,*
> *und alles ist eins.*
> *Wenn du nur das verstehst,*
> *machst du dir keine Sorgen mehr*
> *darüber,*
> *daß du nicht vollkommen bist.*

SENG-TS'AN

Lehre von der Leere

Es ist unser Verstand, der uns Deutungen suchen läßt. Aber gerade das unterscheidende Denken wird in der Zen-Lehre abgelehnt, weil es uns davon abhält, die innere Wahrheit, das Wesen, die Natur der Dinge zu erfassen. Daß nämlich alles, das ganze Universum, wir eingeschlossen, im Nichts – im Zen heißt es die Leere – „beginnt". Es wird zur Form, und die Form bestimmt wieder die Leere. Das eine bedingt das andere. Es ist wie Ich und Du, Subjekt und Objekt, Geist und Materie. Erst im Auflösen dieser Widersprüche und Gegensätze, die mit unserer Wahrnehmung zu tun haben, wird wahres Erkennen möglich.

Dieser Grundgedanke des Zen kommt im Sand- und Steingarten besonders zum Ausdruck.

Der Stein als Form betont die Leere der Sandfläche und lenkt die ganze Aufmerksamkeit auf diesen leeren Raum.

Wo es keine Form gibt, gibt es keine Leere. Form ist Leere, Leere ist Form. Sie gleicht einem Spiegel, der leer ist und nichts aus sich spiegelt, der aber alles spiegeln kann, was vor ihm erscheint.

ZEN-WEISHEIT

Auflösung von Raum und Zeit

Gerade beim Betrachten des Zusammenspiels von Sand und Stein entsteht ein Gefühl von Zeitlosigkeit. Und dies ist ein weiteres Schlüsselwort des Zen.

Zeit ist für uns immer mit Raum verknüpft. In diesen Zen-Gärten verändert sich unser Raum- und Zeitgefühl im Vergleich zu den Paradiesgärten der *Hei An*-Periode. Diese waren zu durchfahren bzw. zu durchwandern, ein „großer Raum" mußte also mit „viel Zeit" erfahren werden.

Die kleinen und eingefriedeten Zen-Gärten, die von einem festen Punkt aus zu betrachten waren, können wir als Ganzes in einem einzigen Augenblick wahrnehmen. Es ist also keine Zeit – Zeit im Sinne von Raumerfahrung – notwendig. Es gibt nur diesen Augenblick, keine Vergangenheit, keine Zukunft, nur ein Jetzt, in dem alles wahrgenommen werden kann.

Können wir also noch von Raum sprechen oder ist es die Unendlichkeit, die raum- und zeitlos ist, die wir aber geistig erfahren? In diesem Augenblick der Wahrnehmung, in dem Raum und Zeit sich auflösen und uns das ganze Universum vor Augen geführt wird, verändert sich unsere Sicht der Dinge. Eine Sicht, die nicht an Raum und Zeit gebunden ist, und genau das will das Zen: unsere Wahrnehmung verändern.

Zen ist eine Übung, in jedem Moment achtsam zu sein, jeden Augenblick im Leben als den einzigen zu betrachten und so immer und überall seine ganze Aufmerksamkeit und Liebe zu schenken.
Die Gegenwart ist das einzige, was ist.

Komm, laß uns schlafen gehen!
Das neue Jahr ist eine Sache von
morgen.

BUSON

Aufheben der Gegensätze

Tun wir eben nicht genau das im Angesicht des Todes: Wir leben, als ob jeder Augenblick zugleich der erste und der letzte, der gegenwärtigste ist. Gibt es dann noch ein Richtig oder Falsch, ein Gut oder Böse, ein Unten oder Oben? Ist das nicht auch der Moment, in dem wir nicht mehr unterscheiden oder trennen?

In der Gartengestaltung drückt sich das unter anderem in der Ausgewogenheit aus, in der Sand und Stein zueinander stehen, und in der Tatsache, daß kein Stein eine zentrale Rolle einnimmt. Jeder Stein bzw. jede Steinformation ist gleichbedeutend und hat seinen/ihren Platz nur in der Gesamtheit. Gerade in der Einfachheit der Gestaltung lassen die Gärten den Eindruck einer Übereinstimmung von Gegensätzen entstehen.

So spielen alle Zen-Künste, sei es die Kalligraphie, das Haiku, das No-Theater*, die Tuschmalerei oder der Zen-Garten, mit unseren Sinnen und zielen auf eine unmittelbare und verbundene Wahrnehmung ab. Das ist das Erkennen ohne Begriffe. Was wir erkennen, hängt immer von unserer ganz persönlichen Erfahrung, aber auch von unserem Geisteszustand ab. Er bestimmt auch, wie schöpferisch wir sind.

---

*siehe Glossar

Nicht anhaften

Man sollte niemals einen
festhaltenden Geist auftauchen
lassen,
einen nicht-festhaltenden Geist
sollte man auftauchen lassen.

ZEN-WEISHEIT

Dies ist ein anderer Grundzug des Zen: das Nicht-Anhaften, was hier verdeutlicht wird. Anhaften meint Besitzdenken, den Drang nach etwas, das bleibt, die Suche nach etwas, das feststeht. An etwas haften, ist ein Festgelegtsein, sind feststehende Bilder und Vorstellungen, die wir uns vom Leben gemacht haben und in denen wir leben. Dies gilt es zu erkennen und loszulassen. Die Auslöschung der Anschauungen zeugt von einem freien Geist, und die größte Freiheit besteht im Geiste.

Wir, die wir freien Geistes sind,
was kümmert es uns!

SHAKESPEARE, AUS HAMLET

Im Garten ist es die Sandfläche mit ihren Mustern, die uns das bildlich darzustellen versucht. Der Sand ist Spiegelfläche, in der wir uns selbst erkennen können, die Linien im Sand verkörpern den stetigen Fluß. Es gibt kein Anhaften. Es ist nur das Denken, das haftet, also lösen wir uns vom Denken, doch denken tut das Ich. Also müssen wir das Ich aufgeben. Doch wie?

Der vollkommene Mensch benutzt
seinen Geist als Spiegel.
Er hält nichts fest,
er weist nichts zurück.
Er empfängt,
aber er behält nicht.

CHUANG-TZU/SOSHI

Die Stille

In der Meditation kann es geschehen, daß wir einen Augenblick unser Ich aufgeben. Meditation ist eine Geistesübung, sich in stetiger Praxis und demütigem, selbstlosem Tun zu entwickeln und zu erweitern. Diese Übung ist in unserer heutigen Gesellschaft keine leichte. Wir haben uns an den Lärm der Welt, an das Getöse in unserem Innern, erzeugt durch Ängste und Sehnsüchte, und vor allem an die Spannung, die dadurch entsteht, gewöhnt. Wir meiden die Stille, weil wir meinen, sie nicht aushalten zu können, was letztlich ein Uns-selbst-nicht-aushalten ist. Deshalb will das Zen uns zur Ruhe, zur Stille und zur Gelassenheit führen, und dabei trotzdem den Humor nicht verlieren.

Im Sitzen in der Stille begegnen wir unausweichlich uns selbst und dem, was uns selbst im Wege steht. Und je näher wir uns kommen, desto mehr erkennen wir, daß wir nur in der Beziehung zur Ganzheit existieren.

Meditation kann also eine tatsächliche Hilfe bei der Gestaltung unseres eigenen Lebens sein. Die aus der Meditation gewonnenen Einsichten beeinflussen Künstler und Kunstwerk – und machen so auch den Garten zu dem, was er ist.

Wenn man etwas mit ganzem Herzen tut, braucht man keinen Helfer.

JAPANISCHES SPRICHWORT

Gegen-Geist

Zen wird oft als Gegengeist bezeichnet. Gemeint ist, daß Zen das Erkennen mit dem Herzen dem nach logischen Erklärungen suchenden Verstand vorzieht.

Wir wissen, daß unser Gehirn bzw. Geist zwei völlig verschiedene Seiten bzw. Funktionen hat. Die linke Seite ist für die logische, verstandesgesteuerte, die rechte für die gefühlsmäßige und sinnliche Wahrnehmung zuständig.

Gemäß dem Zen ist wahres Erkennen nur möglich, wenn wir unsere intuitiven Kräfte gebrauchen, anstatt sie ständig unserem Verstand unterzuordnen. Und der Zen-Garten in seiner ganzen Gestaltungsart versucht nichts anderes, als unsere gefühlsmäßige, sinnengesteuerte Seite, unsere rechte Gehirnhälfte zu schulen. Das ist Zen, das ist der vorgeschlagene Weg.

Es gibt keine Dogmen, nur, daß alle Dogmen sinnlos sind. Es kann nichts gelernt werden, weil alle Lehren aus uns selbst kommen. Zen weist nur einen Weg. Im Zen-Garten klingt das an durch die Gestaltungstechniken, mit denen die Elemente Sand und Stein eine Landschaft bilden.

Die Kraft der Einfachheit und Natürlichkeit

Die Landschaft wird mit Sand und Steinen geschaffen. Die dekorative Vielfalt der großen Teichgärten ist verschwunden. Die Formen sind einfach und doch fein. Vollkommenheit wird gemieden, da die Wirklichkeit immer nur eine Täuschung ist. Der Garten wirkt zurückhaltend, um den Betrachter Neues entdecken zu lassen. Der Zen-Gärtner verweigert alles Überflüssige, damit in den leeren Räumen – den Sandflächen – eine Fülle zu erkennen ist, sofern und soweit wir bereit sind, sie wahrzunehmen.

Dem Garten mangelt es an Künstlichkeit. Sand und Stein sind natürliche Elemente. Ihre Anordnung zueinander erscheint nie gewollt oder ausgedacht, wie ein steter Fluß, der unvermittelt und instinktiv seinen Weg nimmt.

Dabei soll wieder zum Ausdruck kommen, wie das Zen die gegenständliche Welt einschätzt. Nie soll der Zen-Gärtner seine Kunst oder das Leben zu ernst nehmen, denn sonst wird der Weg angespannt und schwer.

„*Wahre Kunst ist absichtslos und ziellos*
und wird erlernt,
indem man sich selbst
und alles seine hinter sich läßt."

ZEN-WEISHEIT

Ihr eigener Zen-Garten

Was hat das ganze mit Ihnen zu tun?

Der kleine Zen-Garten eröffnet Ihnen den Raum, in selbstvergessenem Üben, Ihrem seelischen Zustand Ausdruck zu verleihen.

> *„Nicht Erwachen ist das Ziel,*
> *das Erwachtsein muß geübt werden."*

Zen-Weisheit

Diese Übung hat nicht den Sinn, Ihre Leistungskraft oder Ihre Gesundheit zu steigern. Das mag vielleicht wichtig sein, ist aber nicht das, was das Zen will. Es ist ein Üben, das Sie zu einer intensiven und vorbehaltlosen Auseinandersetzung mit sich selbst führen soll.

Gleichzeitig können Sie dabei überprüfen, wie sehr Sie sich der Vollkommenheit nähern und den Grundsatz befolgen, nichts zu ernst zu nehmen – stets im Bewußtsein, daß Erleuchtung nichts mit der Vorstellung von Vollkommenheit zu tun hat. Es gibt nichts zu erreichen, außer der Erkenntnis, daß es absolut NICHTS zu erreichen gibt.

Es handelt sich hier um ein Spiel mit Ihrer Wahrnehmung, das Sie an die Grenzen Ihres Verstandes führen will und so die Kräfte der direkten Wahrnehmung freizusetzen versucht. Sie können erfahren, daß Wahrheit nicht nur mit den Augen und mit dem Verstand zu erkennen ist, sondern mit dem Herzen.

Der Weg ist vollkommen und vollständig
wie der endlose Raum,
nichts fehlt, nichts ist überflüssig,
doch weil der Geist nicht aufhört
zu unterscheiden,
bleibt der Weg dunkel.

LAO-TSE

Hingabe

Die Frage, was ist und wozu dient ein Zen-Garten, zu beantworten, ist eigentlich unmöglich. Erst wenn Sie aufhören zu fragen und die Dinge einfach wahrnehmen und auf sich wirken lassen, haben Sie die Reise in die Welt des Zen-Gartens begonnen.

Das Zen will nicht diskutieren und theoretisieren, es will etwas erlebbar machen. Erleben können Sie aber nicht mit dem Verstand, der nach Wie, Warum und Woher fragt.

Sie sehen z.B. einen schönen Sonnenuntergang, und solange Sie ihn betrachten, ist er schön. Ihn danach in Worte zu fassen, wird niemals die Schönheit des Erlebten beschreiben. Schönheit kann nur von einem intuitiven Geist wahrgenommen werden.

> *Es gibt keinen Buddha und keinen spirituellen Weg, dem du folgen kannst.*
> *Es gibt keine Ausbildung und keine Erkenntnis.*
> *Wonach also suchst du so fieberhaft?*

LIN CHI

Es geht hier nicht darum, etwas richtig oder falsch zu machen. Nehmen Sie Ihren Garten und streichen Sie mit dem Rechen über den Sand. Haben Sie schon Steine, so setzen Sie sie in den Garten und rechen Sie einfach. Wenn Sie keine haben, sammeln Sie welche, ohne an den Zweck zu denken. Setzen Sie sie dann nach Gefühl, und ziehen Sie Ihren Rechen über den Sand. Versuchen Sie wirklich nichts anderes zu tun, und Sie werden sehen, wie Sie innerlich still werden. Sie können sich einen Garten gestalten, der Ausdruck Ihrer eigenen Seelenlandschaft ist, frei von äußeren Bildern und Vorstellungen, und dadurch innere Ruhe und Gelassenheit schenken kann.

Hierfür gibt es keine „vernünftige" Erklärung, aber Sie werden im ständigen Üben bzw. beim Rechen merken, daß sich etwas einstellt, was Sie selbst erleben können.

Vergleichen wir es einmal mit einem Bonsai-Bäumchen: Der Bonsai scheint kaum zu wachsen, nur eine ständige und achtsame Pflege läßt ihn kaum merklich zu einer wahren Schönheit reifen.

Ich kann Ihnen kaum eine praktische Anleitung geben. Ich kann Ihnen nur sagen, greifen Sie zu Ihrem Rechen, wann und wo immer es für Sie die rechte Zeit und der rechte Ort ist.

Sie können die Arbeit mit dem Zen-Garten auch handhaben wie das Meditieren. Suchen Sie sich einen ruhigen Ort für Ihren Garten und nehmen Sie sich regelmäßig Zeit zum darin „Verweilen". Lassen Sie sich von japanischen Zen-Gärtnern anregen: ihrer Achtsamkeit im Umgang mit der Natur, ihrer Sorgsamkeit in der Auswahl, ihrem Gefühl für das harmonische Miteinander der Elemente Wasser, Bäume, Büsche, Stein und Sand, und ihrer Achtsamkeit in der Pflege des Gartens als Ganzes.

Gehe nicht in den Fußstapfen der Meister.
Suche, was sie suchten.

ZEN-WEISHEIT

Sollten Sie keinen Sand mehr haben und die Steine gefallen Ihnen auch nicht mehr, so holen Sie neuen Sand und tauschen die Steine aus. Es ist Ihr Garten, und Sie können ihn frei gestalten. Sie sind frei in Ihrem Geiste, vergessen Sie das nicht.

Spüren Sie jedoch, daß Sie sich zu sehr in „Vor"-Bildern und „Wunsch"-Vorstellungen verstricken, so rütteln Sie Ihren kleinen Zen-Garten hin und her. Er wird dann wieder zu einer glatten Sandfläche – zu einer leeren Fläche, die erneut zur Form werden kann.

Ihr Zen-Garten ist nur Sand und Stein, die zum Spiel einladen.

Ein junger Schüler sollte den Garten säubern und fragte seinen Meister, wohin er mit dem Abfall solle. Der Meister fragte: „Wo ist der Abfall?" Er entzündete ein Feuer mit den Zweigen und Blättern, baute aus den Steinen ein Auffangbecken für den Regen und ließ nur einen kleinen Haufen Staub und Kies übrig, den er in den Garten zurückrechte.

Zen-Anekdote

Schlußwort

„Und nun beginne ich
den ersten Schritt auf
dem Weg ...“

JITOKU EKI

Zeittafel im Überblick

*mit Beispielen von japanischen Gärten und
wichtigen Einflüssen auf diese*

ZEITALTER	PERIODE
Zeitalter des Hofadels	Asuka, ca. 550 – 794
	Nara, ca. 700 – 794
	Hei An, ca. 794 – 1190
Zeitalter des Kriegeradels	Kamakura, ca. 1185 – 1392
	Muromachi, ca. 1350 – 1570
	Edo, ca. 1600 – 1860

JAPANISCHE GÄRTEN	EINFLÜSSE
Errichtung eines Shumi-Sen Steines im Südgarten des Kaisers	Einführung des Buddhismus
Gestaltung der Gärten streng nach chinesischem Vorbild	Gründung der Shingon-Schule* (Kon Kukai)
Entstehung der Palast- und Paradiesgärten, z.B. Byodo-In, ca. 1053, und Shosei-En, ca. 1130	Gründung der Jodo-Schule, die die Lehre vom Reinen Land vermittelt (Honen Shonin); Handbuch der Gartenkunst
Entwicklung der Trocken-landschaftsgärten, z.B. Tenryu-Ji, ca. 1340, Rokuon-Ji und Saiho-Ji, beide ca. 1390	Gründung der Jodo-Shinshu-Schule, der wahren Schule des Reinen Landes (Shinran Shonin); Einführung des Zen-Buddhismus, Entwicklung der Shoin*-Architektur
Entstehung der reinen Trockenlandschaftsgärten, z.B. Jisho-Ji, ca. 1480, Ryoan-Ji, ca. 1500, und Daisen-In, ca. 1532	Durchdringung aller kulturellen Bereiche wie Malerei, Tanz und Kampfkunst mit der Zen-Lehre u.a. durch Dogen Zenshi, bedeutender Zen-Meister
Weiterentwicklung der Gärten zu neuen Formen, z.B. den Teegärten	

*siehe Glossar

Glossar

Amakudaru kamis	„Die von oben kommenden Götter", wohnen in Steinen oder Bäumen
Amida	Auch (Sanskrit) Amitabha genannt, gehört zu den wichtigsten Buddhas des Mahayana-Buddhismus; er ist der Buddha des westlichen Paradieses, wobei dies kein wirklicher Ort ist, sondern ein Bewußtseinszustand
Bodhidharma	Erster Patriarch des japanischen Zen-Buddhismus
Buddha	Sanskrit, „der Erwachte/Erleuchtete", wird meist für den historischen Buddha → *Shakyamuni* (ca. 463 – 383 v. Chr.) verwendet
Ch'an	Chinesisches Wort für japanisch → *Zen*
Chi	Lebensenergie, auch Qi
Haiku	Japanische Gedichtform aus drei Zeilen und siebzehn Silben
Hinayana	Das „Kleine Fahrzeug" (Sanskrit), wird hauptsächlich in Thailand, Sri Lanka, Laos, Burma und Kambodscha praktiziert. Hierbei verfolgt der Suchende vorrangig die eigene Erlösung
Inseln der Seligen	Von Unsterblichen bewohnte sagenumwobene Inseln, die vor der chinesischen Küste gelegen haben sollen
Iwa kuras	Heilige Steine, die von → *amakudaru kamis* bewohnt werden
Kalligraphie	Die Kunst des schönen Schreibens
Kami ike	Heilige Teiche, in denen von → *torai kamis* bewohnte Inseln liegen
Kami kaze	rettende Götterwinde (Japanisch)
Kamis	Götter (Japanisch)
Kare san sui	Trockenlandschaftsgarten, Zen-Garten (Japanisch)
Koan	Paradoxes, vernunftwidriges Frage- und Antwortspiel, das eine Zen-Erfahrung darstellt und nicht durch Logik oder folgerichtiges Denken zu begreifen ist
Kranichinsel	Eine der → Inseln der Seligen
Lao-Tse	Chinesischer Philosoph, lebte im 4. oder 3. Jh. v. Chr., Begründer des → *Taoismus*
Lotus	Im Buddhismus ist der Lotus das Symbol des reinen Wesens des Menschen, das durch Erleuchtung verwirklicht wird und sich

	unbefleckt aus dem Morast des Leids erhebt; er steht für Schönheit und Heiligkeit
Mahayana	Das „Große Fahrzeug“ (Sanskrit), wird vornehmlich in China, Nepal, Vietnam, Korea und Tibet gelebt. Dabei strebt der Suchende auch seine eigene Erlösung an, versucht aber gleichzeitig, alle anderen Wesen auf ihrem Weg dorthin zu unterstützen
Mandala	Wort aus dem Sanskrit, bezeichnet Bild eines Kreises oder Vielecks, das als Meditationshilfe verwendet wird
Mudra	Symbolische Finger- oder Handstellung
Niwa	Niemandsland, freie Natur (Japanisch)
No-Theater	Klassisches japanisches Tanz-Drama, begründet durch Ze-Ami, japanischer Schriftsteller (1363 – 1442)
Qi	→ Chi
Rinzai-Schule	Rinzai = Japanisch für chinesisches Wort *lin chi*, → *Schule*, die nach dem chin. Zen-Meister Lin Chi I-hsüan benannt wurde
Sabi	Selbstgenügsamkeit (Japanisch)
Sakkutei	Japanisches Handbuch der Gartengestaltung aus dem 12. Jh.
Samurai	Krieger, der das Zen-Studium durchlaufen hat
Schildkröteninsel	Eine der → Inseln der Seligen
Schule	Denk-, Glaubensrichtung
Shakkeia	Japanisch für „geborgte Landschaft“ = besondere Gestaltungstechnik für Zen-Gärten
Shakyamuni	Sanskrit, „Weiser der Shakya“, zusätzl. Name, den → *Buddha* nach seiner Erleuchtung erhielt, daher auch die Bezeichnung Buddha Shakyamuni
Shingon-Schule	→ Schule des esoterischen Buddhismus „Schule des wahren Wortes“ in Japan, gegründet von Kukai (774 – 835)
Shintoismus	*shinto* (Japanisch) = Götterweg
Shogun	Titel der kaiserlichen Feldherren Japans
Shoin	Studierzimmer, von dem aus man den besten Blick in den Garten hat
Shumisen	Japanisch für → *sumeru*
Siddharta Gautama	Weltlicher Name des → *Buddha*, desh. auch Buddha Gautama genannt

Sono	Japanisch für eingezäuntes, nutzbar gemachtes Land
Soto-Schule	Soto, Japanisch für chinesisches Wort *ts'ao tung*, → *Schule*, die durch die chin. Zen-Meister Ts'ao-Shan Pen-Chi und Tung-Shan Liang-Chieh gegründet wurde
Sumeru	Zentrum der Welt nach buddhistischer Weltanschauung, (auch Meru genannt) japanisch → *shumisen*; der Sitz → *Buddhas*
Taoismus	Chinesische Volksreligion, deren Schrift das Tao Te-King ist
Teien	Japanisch für Garten
Tor des Teufels	Nordosten
Torai kamis	„Götter, die über das Meer kommen", sie bewohnen die Inseln in Gärten
Vajrayana	Sanskrit, das „Diamant-Fahrzeug", ist der Weg des tibetischen/tantrischen Buddhismus. Auf ihm sucht zwar auch jeder die eigene Erlösung zu erringen, verpflichtet sich aber, erst ins Nirvana – in dem sich alles in Sunyata, die große Leerheit, in der alles eins ist, auflöst – einzugehen, wenn alle Wesen vom *samsara*, dem Kreislauf der Wiedergeburten, befreit sind. Bis dahin wird er immer wiedergeboren und hilft als Erleuchteter (Bodhisattva) anderen auf ihrem Weg weiter
Wabi	Japanisch für Einfachheit, Schlichtheit
Yin/yang	Begriffe aus der chinesischen Naturphilosophie, *yin* ist das weibliche, weiche und passive Prinzip, und *yang*, das männliche, harte und aktive Prinzip
Yohhaku no bj	Japanisch für das Gefühl für die Schönheit im Kargen
Yugen	Japanisch für Tiefgründigkeit, Bewußtsein von der Vergänglichkeit der Schönheit
Zen	Japanisch für Meditation, Versenkung, innere Sammlung

Literaturnachweis

Baldock, John: Zen-Weisheit. CH-Neuhausen, 1996

Blackstone, J. & Josipovic, Z.: Zen für Anfänger.
    Hamburg, 1987

Borja, Erik: Zen Gärten. München, 2000

Bradler, Christine M. & Scheiner, Joachim Alfred P.:
    Feng Shui des Ostens. Darmstadt, 1999

Grames, Eberhard: Zen. Hamburg, 1997

Hanh, Thich Nhat: Schlüssel zum Zen. Freiburg, 1997

Hearn, Lafcadio: In einem japanischen Garten. CH-
    Zürich, 1990

Itoh, Teji: Gärten Japans. Köln, 1985

Keane, Marc P.: Gestaltung japanischer Gärten.
    Stuttgart, 1999

Khema, Ayya: Meditation. Uttenbühl, 1998

Krusche, Dieter: Haiku – japanische Gedichte. Mün-
    chen, 1994

Lao-Tse: Tao Te King. CH-Zürich, 1996

Lexikon des Zen. CH-Bern, 1932

Nitschke, Günter: Japanische Gärten. Köln, 1993

Roshi, Hozumi Gensho: Zenherz. Zell, 1999

Schaarschmidt-Richter, Irmtraud: Japanische Gärten.
    Baden-Baden, 1977

Shonagon, Sei: Kopfkissenbuch der Dame Sei
    Shonagon. Frankfurt, 1975

Yanagi, Soetsu: Die Schönheit der einfachen Dinge.
    Bergisch Gladbach, 1999

Danksagungen

Einen ganz besonderen Dank für die Unterstützung geht an Konstantin Adamopoulus, an Sara Schneider und an Thomas A. Gmeinder.
Und herzlich will ich mich auch bei Gertraude und Rudi Gmeinder bedanken, in deren Garten ich sitzen durfte, und bei Jean-Marc Wloch, aus dessen Haus ich den schönsten Ausblick hatte.